한국을 빛낸 100명의 위인들

우리 어린이들이 자주 부르는 『한국을 빛낸 100명의 위인들』의 노랫말을 바탕으로, 고조선부터 일제 강점기까지 우리 역사 속 인물들을 소개합니다. 왕과 장군, 학자와 예술가, 종교인과 독립 운동가까지 나라와 백성들을 위했던 사람들과 그 빛나는 노력을 만나 보세요.

노래 속 위인들은 한 명이나 여러 명 집단이기도 하고, 책 속에 나오는 상상의 인물과 민족을 배신했던 인물도 몇 명 들어가 있어요. 간단한 가사 속에 담긴 우리 역사 이야기를 들어 봐요. 더 의미 있게, 더 재미있게 노래를 부를 수 있을 거예요!

한국을 빛낸 100명의 위인들

읽자마자 역사왕

글 이희순
그림 원혜진

길벗스쿨

「한국을 빛낸 100명의 위인들」 노랫말
1절에서 5절까지 다 같이
따라 부르며 시작해 볼까요?

1절

아름다운 이 땅에 금수강산에 단군 할아버지가 터 잡으시고
홍익인간 뜻으로 나라 세우니 대대손손 훌륭한 인물도 많아
고구려 세운 동명왕, 백제 온조왕, 알에서 나온 혁거세
만주 벌판 달려라 광개토 대왕, 신라 장군 이사부
백결 선생 떡방아, 삼천 궁녀 의자왕
황산벌의 계백, 맞서 싸운 관창
역사는 흐른다

2절

말 목 자른 김유신, 통일 문무왕, 원효 대사 해골 물, 혜초 천축국
바다의 왕자 장보고, 발해 대조영, 귀주 대첩 강감찬, 서희 거란족
무단 정치 정중부, 화포 최무선, 죽림칠현, 김부식
지눌 국사 조계종, 의천 천태종, 대마도 정벌 이종무
일편단심 정몽주, 목화씨는 문익점
해동공자 최충, 삼국유사 일연
역사는 흐른다

3절

황금을 보기를 돌같이 하라 최영 장군의 말씀 받들자
황희 정승, 맹사성, 과학 장영실, 신숙주와 한명회 역사는 안다
십만 양병 이율곡, 주리 이퇴계, 신사임당 오죽헌
잘 싸운다 곽재우, 조헌, 김시민, 나라 구한 이순신
태정태세문단세, 사육신과 생육신
몸 바쳐서 논개, 행주치마 권율
역사는 흐른다

4절

번쩍번쩍 홍길동, 의적 임꺽정, 대쪽 같은 삼학사, 어사 박문수
삼 년 공부 한석봉, 단원 풍속도, 방랑 시인 김삿갓, 지도 김정호
영조 대왕 신문고, 정조 규장각, 목민심서 정약용
녹두 장군 전봉준, 순교 김대건, 서화가무 황진이
못 살겠다 홍경래, 삼일천하 김옥균
안중근은 애국, 이완용은 매국
역사는 흐른다

5절

별 헤는 밤 윤동주, 종두 지석영, 삼십삼인 손병희
만세 만세 유관순, 도산 안창호, 어린이날 방정환
이수일과 심순애, 장군의 아들 김두한
날자꾸나 이상, 황소 그림 중섭
역사는 흐른다

차례

『한국을 빛낸 100명의 위인들』 노랫말 4

**정말 100명이 맞는지
하나하나 세어 보세요!**

1 **단군**_ 고조선을 세운 왕 12

2 **동명왕**_ 고구려를 세운 왕 14

3 **온조왕**_ 백제를 세운 왕 16

4 **박혁거세**_ 신라를 세운 왕 18

5 **광개토 대왕**_ 고구려의 정복 왕 20

6 **이사부**_ 울릉도와 독도를 점령한 장군 22

7 **백결**_ 신라의 거문고 연주가 24

8 **의자왕**_ 백제의 마지막 왕 26

9 **계백**_ 황산벌 전투를 이끈 장군 28

10 **관창**_ 신라의 화랑 30

11 **김유신**_ 삼국 통일에 공을 세운 장군 34

12 **문무왕**_ 삼국을 통일한 신라 왕 36

13 **원효**_ 백성에게 불교를 전한 승려 38

14 **혜초**_《왕오천축국전》을 쓴 승려 40

15 **장보고**_ 신라의 해상왕 42

16 **대조영**_ 발해를 세운 왕 44

17 **강감찬**_ 귀주 대첩을 이끈 장군 46

18 **서희**_ 고려의 외교가 48

19 **정중부**_ 고려의 무신 50

20 **최무선**_ 화약 무기 발명가 52

21~27 **죽림칠현**_ 고려의 문인 7명 54

28 **김부식**_《삼국사기》를 쓴 정치가 56

29 **지눌**_ 조계종을 만든 승려 58

30 **의천**_ 천태종을 만든 승려 58

31 **이종무**_ 대마도를 정벌한 장군 60

32 **정몽주**_ 고려의 충신 62

33 **문익점**_ 목화씨를 들여온 관리 64

34 **최충**_ 고려의 교육자 66

35 **일연**_《삼국유사》를 쓴 승려 68

36 **최영**_ 홍건적과 왜구를 막은 장군 72

37 **황희**_ 세종 때 영의정 관리 74

38 **맹사성**_ 조선의 현명한 관리 76

39 **장영실**_ 조선의 과학자 78

40 **신숙주**_ 한글 창제를 도운 관리 80

41 **한명회**_ 세조가 왕이 되도록 도운 관리 80

42 **이율곡**_ 십만 양병설을 주장한 관리 82

43 **이퇴계**_ 조선의 성리학자 84

44 **신사임당**_ 조선의 예술가 86

45 **곽재우**_ 임진왜란 때 의병장 88

46 **조헌**_ 임진왜란 때 의병장 88

47 **김시민**_ 진주 대첩을 이끈 장군 90

48 **이순신**_ 임진왜란 때 바다를 지킨 장군 92

49~55 **태정태세문단세**_ 조선 1~7대 왕 94

56~61 **사육신**_ 단종을 지키다 죽은 충신들 96

62~67 **생육신**_ 단종을 지키다 쫓겨난 충신들 96

68 **논개**_ 왜적을 죽인 여인 98

69 **권율**_ 행주 대첩을 이끈 장군 100

70 **홍길동**_ 《홍길동전》 속 주인공 104

71 **임꺽정**_ 조선의 의적 106

72~74 **삼학사**_ 청나라에 항복하지 않은 세 학자 108

75 **박문수**_ 조선의 어사 110

76 **한석봉**_ 조선의 서예가 112

77 **김홍도**_ 조선의 풍속화가 114

78 **김삿갓**_ 조선의 방랑 시인 116

79 **김정호**_ 〈대동여지도〉를 만든 지리학자 118

80 **영조**_ 조선 21대 왕 120

81 **정조**_ 조선 22대 왕 122

82 **정약용**_ 조선의 개혁 관리 124

83 **전봉준**_ 동학 농민 운동 지도자 126

84 **김대건**_ 조선의 천주교 신부 128

85 **황진이**_ 시조로 유명한 예술가 130

86 **홍경래**_ 차별에 반대한 혁명가 132

87 **김옥균**_ 개화를 주장한 정치가 134

88 **안중근**_ 일본 관리를 죽인 독립운동가 136

89 **이완용**_ 일본에 조국을 내준 친일파 136

90 **윤동주**_ 일제 강점기 시인 140

91 **지석영**_ 종두법을 들여온 의사 142

92 **손병희**_ 3·1 운동 민족 대표 144

93 **유관순**_ 소녀 독립운동가 146

94 **안창호**_ 독립운동 지도자 148

95 **방정환**_ 어린이날을 만든 작가 150

96 **이수일**_《장한몽》속 남자 주인공 152

97 **심순애**_《장한몽》속 여자 주인공 152

98 **김두한**_ 김좌진 장군의 아들 154

99 **이상**_ 실험적인 작품을 쓴 시인 156

100 **이중섭**_ 우리나라 대표 화가 158

한국을 빛낸 100명의 위인들

우리 최초의 나라를 세운 단군과 고조선의 이야기로 시작해
고구려, 백제, 신라, 삼국이 생겨나고 발전해 나가는
모습과 그 속의 인물들을 만나요!

단군 · 동명왕 · 온조왕 · 박혁거세 · 광개토 대왕

관창 · 계백 · 의자왕 · 백결 · 이사부

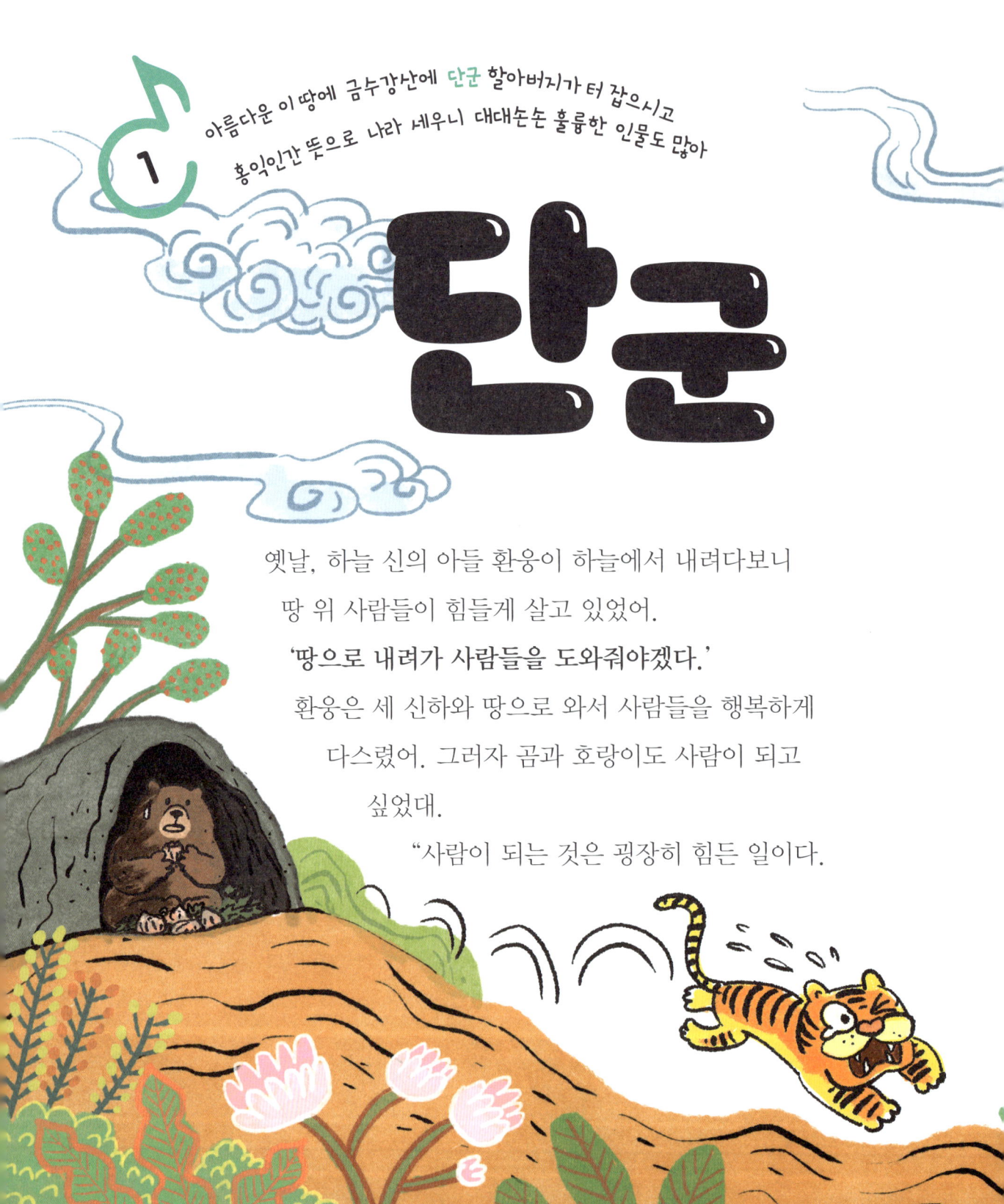

♪ 1
아름다운 이 땅에 금수강산에 **단군** 할아버지가 터 잡으시고
홍익인간 뜻으로 나라 세우니 대대손손 훌륭한 인물도 많아

단군

옛날, 하늘 신의 아들 환웅이 하늘에서 내려다보니 땅 위 사람들이 힘들게 살고 있었어.
'땅으로 내려가 사람들을 도와줘야겠다.'
환웅은 세 신하와 땅으로 와서 사람들을 행복하게 다스렸어. 그러자 곰과 호랑이도 사람이 되고 싶었대.
"사람이 되는 것은 굉장히 힘든 일이다.

2 고구려 세운 동명왕
동명왕

하늘에서 온 해모수와 물의 신의 딸 유화는 서로 사랑했어.
둘은 결혼했지만, 유화의 아버지 하백은 몹시 화를 냈어.
"내 허락 없이 결혼하다니! 당장 나가라."
집에서 쫓겨난 유화는 부여 왕의 도움으로 궁에서 살게 돼.
얼마 뒤였어. 햇빛이 유화를 비추며 졸졸 따라다니는 거야.
유화는 곧 알을 낳았어. 거기서 사내아이가 태어났지.
"아이가 활을 이렇게나 잘 쏘다니!"
아이는 활을 잘 쏘는 사람이라는 뜻으로 '주몽'이라고 불렀대.
하지만 부여 왕자들이 질투해서 나라를 떠나야 했단다.
그 뒤 주몽은 새 나라 고구려를 세우지.

동명왕의 맏아들 유리가 고구려의 다음 왕이 되었어.
왕이 되지 못한 다른 아들인 비류와 온조는 고구려를
떠나 새 나라를 세우기로 해. 둘은 어디로 갈지 고민했어.
"평평한 땅에 강이 가까워 농사짓기 좋겠구나."
그렇게 온조는 한강 가까이에 나라를 세웠단다.
비류는 인천에 나라를 세웠는데, 그곳은 넓긴 해도
바다라서 농사가 잘되지 않았대.
결국 온조는 비류의 백성들까지 받아들이고
더 큰 나라를 완성했단다. 그게 바로 백제야.

온조왕 ?~28년
백제를 세운 왕

한반도 가장 남쪽에 여섯 마을이 서로 돕고 살고 있었어.
여섯 마을 촌장들이 모인 어느 날,
우물가에서 빛이 나길래 가 보았지.
"저기 울고 있는 흰 말은 무엇인고?"
말은 금세 사라지고 거기에 큰 알 하나가 남았어.
바로 그때, 알이 쩍 갈라지더니 사내아이가 나왔지 뭐야.
박혁거세야. 박처럼 생긴 알에서 나왔다고 성을 '박',
나라를 밝게 비추라고 이름을 '혁거세'라고 했지.
박혁거세는 촌장 회의에서 왕이 되어 마을을 다스렸어.
동물들도 모두 축하했대. 그 뒤 신라의 첫 왕이 되었지.

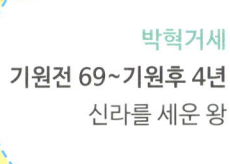

박혁거세
기원전 69~기원후 4년
신라를 세운 왕

'북쪽은 고조선 조상들의 땅! 반드시 되찾겠다.'
그렇게 북쪽 만주 벌판까지 땅을 차지하고 남쪽으로는 백제와 신라, 가야, 왜까지 꼼짝 못 하게 했어. 광개토 대왕의 이 이야기는 큰 비석에 새겨져 있어. 중국의 한 농부가 우연히 발견해서 세상에 알려졌지.

광개토 대왕릉비

광개토 대왕
374~412년
남북으로 땅을 크게 넓힌 고구려 19대 왕

♪ 만주 벌판 달려라 광개토 대왕

5 광개토 대왕

지증왕, 진흥왕 등 신라 왕들도
나라를 발전시키고 땅을 넓히기 위해 노력했어.
이사부는 이 왕들을 도운 신라 장군이지.
오늘날 울릉도와 독도인 우산국을 신라 땅으로 만들 때였어.
그곳 사람들은 처음에는 항복하지 않았단다.
고민 끝에 이사부가 기막힌 꾀를 냈어. 나무로 사자를 만들어
배에 싣고 다가가서 소리친 거야.
"항복해라! 아니면 사나운 사자들을 모두 풀겠다!"
사람들은 진짜 사자인 줄 알고 벌벌 떨면서 신라에게 항복했대.
이때부터 울릉도와 독도는 우리 땅이 되었지.

백결 선생은 거문고를 매우 잘 탔어.
하지만 너무 가난해서 해어진 옷을 백 군데나 기워
입을 정도였대. 그래서 사람들은 '백결'이라고 불렀지.
설날이 다가오자 집집마다 떡을 해 먹는 방아 소리가
들리는데, 백결의 집에는 역시나 먹을 게 없었어.
실망한 아내를 위해 백결은 거문고를 연주했어.
"쿵덕쿵덕 떡방아 찧는 소리 같아요!"
아내는 금세 배고픔을 잊고 덩실덩실 춤을 추었대.
이것이 '방아 타령'이라는 곡이야.

백결 ?~?년
신라의 거문고 연주가

8 삼천 궁녀 의자왕

의자왕 ?~?년
백제의 마지막 왕

백제 의자왕은 어릴 때부터 부모에게 효도하고 형제들을 아꼈어.
왕이 되어서는 신하들의 말을 귀담아들어
나라를 발전시키고 전쟁에서 여러 번 승리했지.
하지만 백제를 두려워한 신라가 중국 당나라와 함께
공격해 오자 도읍 사비성을 빼앗기고 말아.
"이렇게 백제가 멸망하는구나."
나라의 멸망에 왕을 모시던 궁녀들은 슬픔을 이기지 못하고
강에 뛰어들었다고 전해져. 물론 3천 명이라는 수는
좀 과장되어 알려진 거야.

백제의 멸망이 코앞에 다가왔을 때야. 계백 장군은 죽을 줄 알면서도 스러지는 백제를 살리기 위해 신라와 싸우러 나갔어.

'백제의 힘으로는 당나라와 신라를 당할 수 없을 것이다. 내 아내와 자식이 적에게 붙잡혀 노비가 될 바에는 차라리 죽는 게 낫다.'

계백 장군은 가족들의 목을 제 손으로 베고는 신라와 마지막 전쟁을 벌일 황산벌로 나갔어. 죽기를 각오한 용기와 집념 때문이었을까? 5천 명의 적은 군사로 5만 명이나 되는 신라군을 네 번이나 이겼단다.

10 맞서 싸운 관창
역사는 흐른다
관창

관창 645~660년
황산벌 전투를
승리로 이끈
신라의 화랑

계백 장군이 이끄는 백제군이 마지막 힘을 다해
맹렬하게 싸우자 신라는 오히려 사기가 꺾였어.
그때 16살의 어린 화랑 관창이 용감히 나섰어.

"백제 쪽으로 들어가 싸우겠습니다!"
화랑은 신라의 청소년 단체를 말해. 화랑들은 평소에 학문과
무예를 닦으며, 나라에 어려움이 닥치면 가장 먼저 나섰지.
처음에 계백 장군은 관창이 어려서 살려 보내 주었지만
관창이 끈질기게 공격해 오자 할 수 없이 목을 베며 말했대.
"신라를 이길 수 없겠구나. 이토록 어린 소년조차 용감하거늘!"
그렇게 신라군은 결국 승리했어.

한국을 빛낸 100명의 위인들 2절

삼국을 통일한 신라의 역사가 계속 이어져요.
북쪽에는 발해라는 나라도 있었지요.
신라와 발해 다음에 세워진 나라는 고려예요.
이 시기 역사 속 학자와 장군, 외교가와 발명가 등을 만나 봐요!

김유신은 신라가 백제와 고구려를 무너뜨리고
삼국을 통일하는 데 큰 공을 세운 장군이야.
하지만 젊을 때는 노는 것만 좋아하고 무척 게을렀대.
어머니가 김유신을 나무랐어.
**"잘 자라서 부모에게 효도하고, 나라에 충성하길 바랐더니
어찌 이렇게 제멋대로 사느냐!"**
김유신은 반성했지만 얼마 뒤 평소 놀던 곳에 또 가고 말았어.
말을 탄 채 잠깐 조는 동안 말이 익숙한 길로 들어선 거지.
김유신은 잘못을 크게 뉘우쳤어. 칼로 말의 목을 치고는
마음을 굳게 다졌지. 그리고 신라와 통일을 위해
큰일을 해냈단다.

김유신 595~673년
신라의 삼국 통일에
공을 세운 장군

한반도 가장 남쪽에 자리한 신라는 발전이 느렸지만
결국 삼국을 통일하게 돼. 문무왕 때였지. 신라 문무왕은
당나라와 손을 잡고 백제와 고구려를 멸망시켰어.
또 당나라가 한반도를 차지하려는 속셈을 드러내자
당나라 군사들까지 쫓아내고 우리 땅을 끝까지 지켰단다.
그 뒤에는 넓어진 땅을 잘 다스리려고 노력했어.
"내가 죽거든 동해의 큰 바위에 묻어라.
죽어서도 동해를 지키는 용이 되겠다."
문무왕은 죽을 때까지도 이처럼 나라 걱정을 했대.

13 원효 대사 해골물
원효

벌컥 벌컥

원효 617~686년
불교의 가르침을
쉽게 전한 신라의 승려

신라의 승려 원효와 의상이 불교를 공부하려고
당나라로 유학을 떠나던 길이었어.
산길에서 밤이 늦어 둘은 동굴에서 하룻밤을 보냈지.
원효가 새벽에 목이 말라 잠에서 깼는데
옆에 물바가지가 만져지지 뭐야. 마시니 정말 꿀맛이었어.
하지만 아침이 되자 깜짝 놀라고 말았어. 그건 해골바가지에
고인 썩은 물이었거든!
밤에는 맛있던 물이 아침에는 구역질 나는 물로
바뀌는 것을 보고 크게 깨달았지.
"모든 것이 내 마음 먹기에 달렸다."
원효는 그 길로 신라로 되돌아와서
백성들에게 깨달음을 전했대.

혜초

14 혜초 천축국

혜초 역시 신라의 승려야. 신라의 여행가이기도 해.
4년 동안 인도와 그 주변 나라들을 여행했거든.
인도는 부처님이 태어나고, 그의 가르침인 불교가 시작된 나라지.
'차디찬 눈은 얼음과 엉기어 붙었고, 찬바람은 땅을 가르도록 매섭다.'
험한 여행길에서 혜초는 이런 시를 지으며 마음을
달랬어. 오랜 여행 이야기는 《왕오천축국전》이라는
책으로 썼지. '천축국'은 오늘날 인도야, '오천축국'은
당시 인도를 다섯 지역으로 묶은 것을 뜻해.

나마스떼~

장보고는 어릴 때부터 용감하고 재주가 많았어.
신라에서는 신분이 낮아 능력을 펼칠 수 없었지만 당나라로 건너가서
군인으로 실력을 인정받았어. 하지만 신라 사람들이 해적에게 잡혀
노비가 되는 것을 보고는 조국으로 돌아왔지.
"백성들이 고통받고 있습니다. 제가 막겠습니다!"
의지에 감동한 신라 왕은 군사를 내주었어.
장보고는 청해진에 기지를 세워 해적을 무찌르고
당나라, 신라, 일본을 잇는 바다 무역을 이끌었단다.
장보고는 다른 나라에서도 존경을 받아서
그의 비석과 동상도 세워졌대.

16 발해 대조영
대조영

고구려가 멸망하고 30년이 흘렀어.
옛 고구려 사람들은 자신들의 나라를 여전히 그리워했지.
고구려 장수 대조영은 이 사람들과 힘을 모아
옛 고구려 땅에 발해라는 나라를 세웠어.
"발해로 고구려의 명성을 이어 가겠다!"

대조영 ?~719년
발해를 세운 왕

대조영은 고구려 땅을 하나씩 되찾았고,
신라 등 주변 나라와도 친하게 지내며 발전했어.
그러자 발해를 위협하던 당나라도 화해하자고 나왔지.
발해는 '바다 동쪽의 번성한 나라'라는 뜻으로
'해동성국'이라고 불리기도 했단다.

천 년 동안 이어진 신라가 멸망한 뒤, 한반도를 다시 통일한 나라가
고려란다. 고려 때는 다른 민족이 쳐들어오는 일이 잦았어.
거란족이 세 번째로 고려를 쳐들어왔을 때야.
고려 장군 강감찬은 거란군이 지나는 흥화진에 냇물을
소가죽으로 막았어. 물이 얕아 보이도록 말이야.
안심한 거란군이 그곳을 건너는데, 갑자기 소리쳤어.
"소가죽을 풀어라!"
한꺼번에 물이 터지자 거란군은 온통 떠내려갔어.
이것이 '흥화진 전투'야. 그 뒤 도망가는 거란군을
귀주에서 또 한번 크게 물리쳤어.
바로 '귀주 대첩'이란다.

강감찬 948~1031년
귀주 대첩에서 승리한
고려의 장군

고려는 발해를 멸망시킨 거란을 멀리하고 송나라와 친하게 지냈어. 그게 싫었던 거란은 고려에 와서 땅을 내놓으라고 억지를 부렸지. 고려 왕이 고민하자 서희가 나섰어.
"거란의 속셈은 땅이 아니고 고려를 자기편으로 두려는 것입니다."
그러고는 거란 장수 소손녕을 만났어.
"고려도 거란과 친하고 싶지만, 여진이 가로막아 어렵소. 여진의 땅을 고려에게 주면 오가기 좋을 텐데 말이오."
그러자 거란은 도리어 고려에 땅을 더 주고 돌아갔대. 이처럼 서희는 우리 역사 최고의 외교관으로 손꼽히지.

고려 때 왕을 돕는 나라의 관리들은 크게 둘로 나누어졌어.
문신과 무신이야. 문신은 정치 일을 맡고, 무신은
군사 일을 맡았지. 문신은 좋은 대접을 받았단다.
그러나 무신은 대우는커녕 차별을 심하게 받았대.
"똑같은 신하인데 우리만 이렇게 깔보다니 못 참겠소."
무신들과 그 우두머리 정중부는 무기를 들고 일어났어.
"문신을 하나도 남김없이 붙잡아라!"
그 뒤 나라의 모든 힘은 무신들에게 돌아가서
100여 년 동안 이어졌어. 이처럼 무신이 힘으로
나라를 다스리던 것을 '무단 정치'라고 해.

정중부
1106~1179년
고려 왕을 내쫓고
나라 힘을 차지한 무신

최무선

화포 최무선
20

최무선은 우리나라 최초로 화약을 개발한 장군이야.
일본 해적들이 고려에 건너와 고려 백성들의
재산과 곡식을 빼앗으며 괴롭힐 때였어.
"왜구와 싸우는데 화약이 있으면 정말 좋을 텐데."
하지만 고려는 화약을 만들 기술이 아직 없었어.
"내 손으로 화약을 만들겠어!"

최무선은 중국으로 가서 공부하고 실험하면서 화약을 만드는 데 성공했어. 나아가 더 큰 무기인 화포도 만들었지. 마침내 고려는 우리 무기로 일본 해적을 크게 물리쳤단다.

최무선
1325~1395년
화약 무기를 만든 고려의 장군

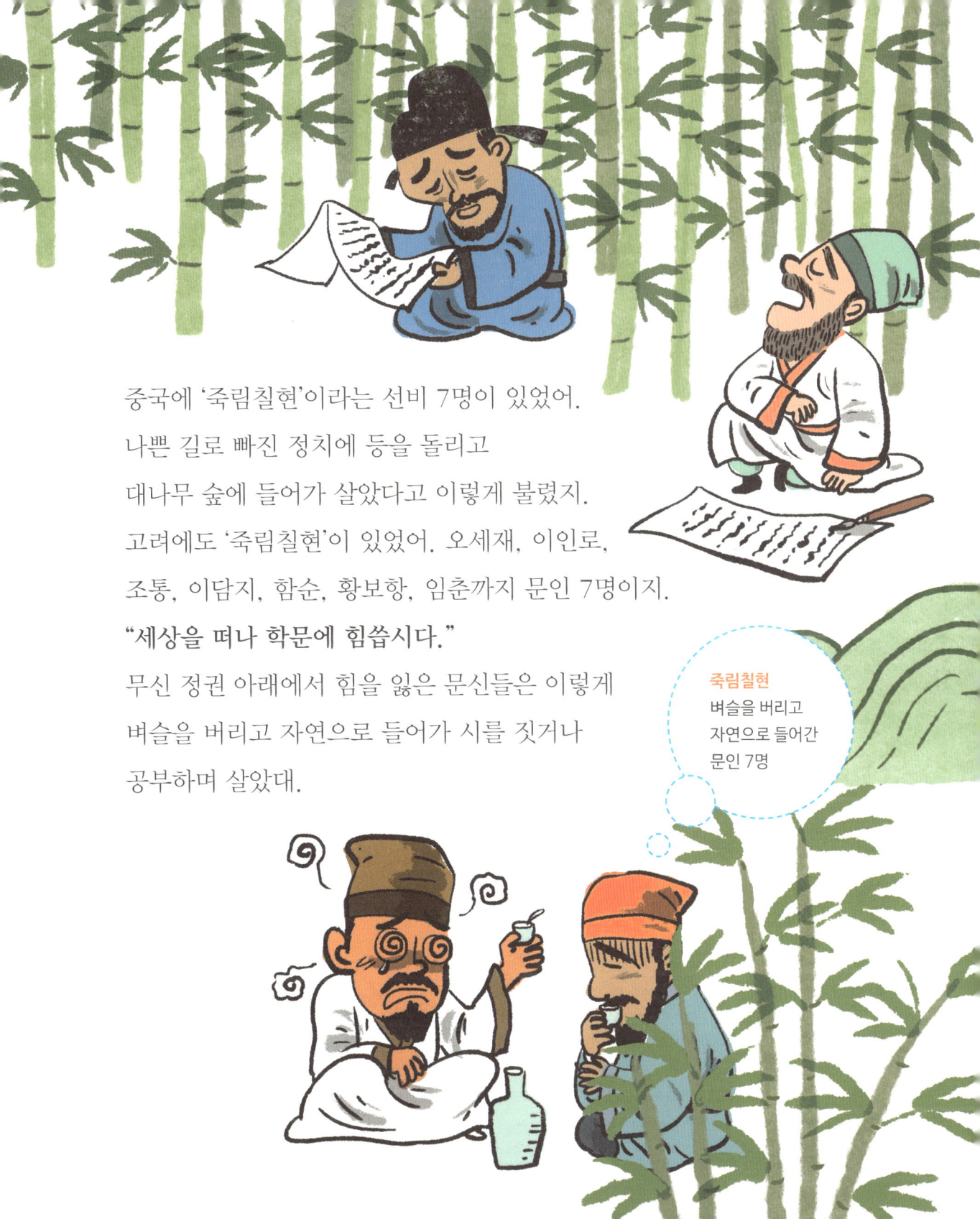

중국에 '죽림칠현'이라는 선비 7명이 있었어.
나쁜 길로 빠진 정치에 등을 돌리고
대나무 숲에 들어가 살았다고 이렇게 불렸지.
고려에도 '죽림칠현'이 있었어. 오세재, 이인로,
조통, 이담지, 함순, 황보항, 임춘까지 문인 7명이지.
"세상을 떠나 학문에 힘씁시다."
무신 정권 아래에서 힘을 잃은 문신들은 이렇게
벼슬을 버리고 자연으로 들어가 시를 짓거나
공부하며 살았대.

죽림칠현
벼슬을 버리고
자연으로 들어간
문인 7명

김부식

28 김부식

김부식은 고려의 유명한 학자야.
전쟁에 참여해서 큰 공을
세운 뛰어난 정치가이기도 하지.
우리나라에서 가장 오래된 역사책
《삼국사기》를 쓴 역사가로도
널리 알려져 있어.
왕의 명령에 따라
고려 이전의
우리 역사를
책으로 정리했지.

"역사를 바로 알고, 후손에게 전해 교훈으로 삼아야 한다."
《삼국사기》는 고구려, 백제, 신라 세 나라가 발전한 과정과
왕과 신하가 나라를 어떻게 다스렸는지 등을 적고 있어.
하지만 신라에 비해 고구려와 백제의 역사가 적고,
평범한 백성 이야기도 찾아볼 수 없다는 건 아쉬움으로 남는단다.

김부식
1075~1151년
역사책《삼국사기》를 쓴 고려의 학자

지눌 국사 조계종, 의천 천태종

♪ 29~30

지눌과 의천

천태종

의천
1055~1101년
천태종을 만든
고려의 승려

"백성들이 불교를 널리 믿도록 하라."

고려는 불교를 받든 나라야. 지눌과 의천은 유명한 승려였단다. 나라와 왕의 스승이라는 뜻으로 '국사'라고 불리며 널리 존경받았지. 의천은 왕의 아들이었는데, 나라와 왕실의 복을 빌기 위해 승려가 되었대. 그러고는 여러 갈래의 불교를 조화롭게 잇는 천태종이라는 종파를 만들었어. 한편 지눌은 시간이 갈수록 처음과 달리 변해 가는 불교를 바로 세우려고 조계종을 만들었지. 이것이 불교의 큰 두 가지 흐름으로 이어졌단다.

지눌
1158~1210년
조계종을 만든 고려의 승려

우리나라 부산과 제주도 가까이에 대마도라는 섬이 있어.
대마도 땅은 척박해서 농사짓기가 어려웠지.
그래서 대마도 사람들은 자연스레 해적이 되었단다.
조선으로 건너와서 곡식을 뺏거나 사람을 해치기도 했어.
"해적이 수십 년 동안 말썽이구나."
세종 대왕은 대마도로 이종무를 보내 해적을 물리치도록 했어.
이종무는 결국 승리했고, 평화를 지키겠다는
해적의 약속까지 받아 냈지.

이종무
1360~1425년
대마도의 해적을
물리친 장군

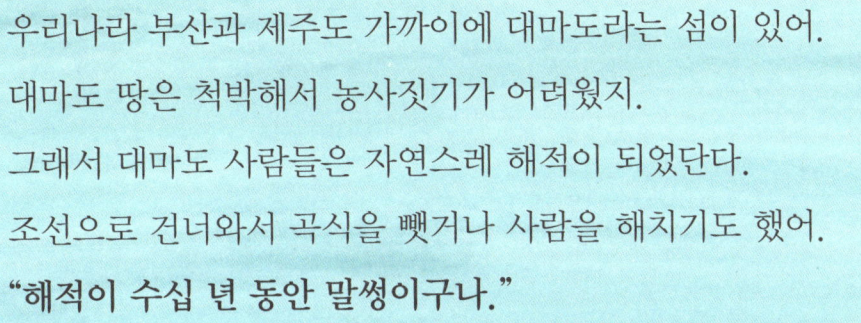

정몽주는 고려가 끝나는 순간까지 충성을 바친 신하야.
고려의 운명이 이미 크게 기울어진 뒤에도
나라를 지키려는 마음을 결코 바꾸지 않았어.
이렇게 변치 않는 마음을 '일편단심'이라고 해.
이방원이 새 나라를 세우자고 설득했지만 소용없었지.

'이 몸이 죽고 죽어 일백 번 고쳐 죽어
백골이 진토 되어 넋이라도 있고 없고
임 향한 일편단심이야 가실 줄이 있으랴.'

정몽주는 이 시를 짓고 결국 죽음을 맞았어.
개성의 선죽교에는 죽은 정몽주의 핏자국이
아직도 남아 있다는 이야기가 전해지지.

33 목화씨는 문익점

문익점

문익점은 고려의 학자로 중국에 갔다가 그곳 사람들의 옷차림을 보고는 깜짝 놀랐어.
"목화 열매에서 솜털을 얻어 이렇게 따뜻한 옷을 만드는구나!"

우아! 멋있다!

그때만 해도 고려에서는 옷을 보통 삼베로 만들었어.
이것은 식물에서 뽑은 실로 지은 옷감이라서 여름에 입으면
바람이 잘 통했지. 하지만 겨울에 입기에는 너무 추웠단다.
문익점은 중국에서 몰래 목화씨를 가져와 장인어른과 농사를 지었어.
목화는 그렇게 전국으로 퍼졌고, 비로소 고려 백성들도
따뜻한 옷과 이불을 갖게 되었지.

문익점
1329~1398년
목화씨를 들여온
고려의 관리

최충은 고려의 뛰어난 학자이자 관리였어.
나라의 법을 잘 손질하고 현명한 정치를 펼쳤지만
벼슬에서 물러나서는 제자를 가르치는 데 힘을 기울였어.
배우려고 오는 학생이 많아 학교들도 세웠단다.
바로 구재 학당이야. 여기서 많은 제자들을 훌륭하게 키웠지.
"최충의 학문은 중국의 뛰어난 학자인 공자에 견줄 정도다."
그래서 '해동공자'라고 불렸어.
'해동'은 '발해 동쪽의 나라'라는 뜻으로 옛날에
우리나라를 부르던 말이란다.

최충 984~1068년
여러 제자를 기른
고려의 교육자

일연
1206~1289년
역사책《삼국유사》를 쓴 고려의 승려

35 삼국유사 일연 역사는 흐른다
일연

일연이 태어나고 자랄 때는 몽골이 고려를 쳐들어와
백성들이 어렵게 지내던 시기였어.
일연은 승려가 되었단다. 나중에는 나라의 스승으로 존경받는
자리에까지 올랐지. 또 70살도 넘은 늦은 나이에
역사책 《삼국유사》를 펴냈어.
"고통받는 백성들에게 힘을 북돋아 주고 싶다."
백성 스스로 우리 역사와 문화를 정확히 알고
나라를 굳건히 지킬 힘을 가지길 바랐던 거야.
이 책에는 삼국의 역사는 물론 평범한 백성들의 이야기와 단군 신화,
오랫동안 전해져 온 신비로운 이야기도 담겨 있단다.

한국을 빛낸 100명의 위인들 3절

고려 다음으로 세워지는 나라는 조선이에요.
조선을 처음 열고 정치를 이끌어 간 여러 임금들과
전쟁으로 나라가 위기에 빠졌을 때 목숨을 걸고
나서서 싸운 백성들의 감동적인 이야기가 펼쳐져요.

최영

🎵 36 황금을 보기를 돌같이 하라 최영 장군의 말씀 받들자

고려의 운명이 기울고 있을 때, 또 다른 큰 위기가 닥쳤어.
북쪽에서는 홍건적이, 남쪽에서는 왜구가 쳐들어온 거야.
최영 장군은 이들과 용감하게 싸우며 고려를 지켰지.
"황금 보기를 돌같이 하라."
최영의 아버지가 돌아가시면서 남긴 유언이란다.

최영은 이 말을 평생 좌우명으로 삼았어. 재물에 욕심내지 않고
청렴한 자세로 나라와 백성을 위해 일했지.
그 모습에 감동한 백성들은 그를 신으로까지 받들었대.
지금까지도 부산과 제주에서는 매년 최영장군제가 열린단다.

홍건적, 왜구 물러가라!

최영
1316~1388년
홍건적과 왜구를 물리친
고려의 장군

황희 정승은 임금이 나랏일을 뭐든 상의할 정도로 능력과 인품이 뛰어난 관리였어. 영의정이라는 벼슬을 오래 지냈지.
'정승'은 이같이 높은 벼슬을 부르는 말이야.
그런 황희가 큰 깨달음을 얻었다는 이야기가 있어.
어느 날 소 두 마리로 밭을 가는 농부를 보았대.
"누렁소와 검정소 중 어느 소가 일을 더 잘하오?"
황희의 물음에 농부가 가까이 와서 귀에 대고 말했지.
"누렁소가 더 잘합니다."
"그것을 왜 속삭이시오?"
"짐승도 비교하는 건 싫어합니다. 하찮게 대해선 안 됩니다."
황희는 그 일을 평생 되새기며 겸손하게 지냈다고 해.

맹사성
1360~1438년
황희와 함께 활약한 관리

맹사성도 조선이 발전하는 데 기여한 훌륭한 관리야.
평소 소박한 옷차림을 하고 혼자 다니기를 좋아했어.
어느 날이었어. 아이들이 괴롭혀서 다친 검정소를 마주쳤지.
"저런, 많이 다쳤구나. 우리 집으로 가자."
맹사성은 소를 정성껏 돌보고 평생을 친구처럼 함께 지냈어.
나중에 맹사성이 세상을 떠나자 검정소는
아무것도 먹지 않고 울기만 했대. 그러다 결국 죽고 말았지.
감동한 사람들은 소를 맹사성 곁에 묻고 비석을 세워 주었단다.

세종 대왕은 조선의 과학을 발전시키려
노력했어. 백성들에게 가장 중요한 게 농사가
잘되는 것인데, 그러려면 무엇보다
시간과 날씨를 잘 알아야 했거든.
"과학을 연구할 사람을 뽑아라."
그 사람이 바로 장영실이야. 비록 신분이 가장 낮고
차별받던 노비였지만 세종 대왕의 배려로 마음껏 연구할 수 있었어.
별과 달을 관측하는 혼천의, 내린 비의 양을 재는 측우기,
물의 흐름으로 시간을 알리는 물시계 자격루, 해의 그림자로
시간과 절기를 알리는 해시계 앙부일구 등
수많은 과학 기구를 만들었지.

측우기

장영실 ? ~ ?년
혼천의, 측우기 등을
만든 과학자

앙부일구

자격루

♪ 40~41 신숙주와 한명회 역사는 안다

신숙주와 한명회

신숙주
1417~1475년
한글 창제에 참여한 학자

조선 6대 왕 단종은 12살 어린 나이에 임금의 자리에 올랐어.
"어린아이가 어떻게 나라를 다스린다는 말이냐."
단종의 작은아버지 수양 대군은 단종을 힘으로 몰아내고
스스로 왕이 되었어. 바로 조선 7대 왕 세조야.
한명회와 신숙주는 그때 세조를 도운 신하들이지.
한명회는 이로써 자신도 커다란 힘을 가지려 했어.
신숙주도 단종을 쉽게 져 버렸지. 그 모습이 쉽게 상해 버리는
녹두나물과 비슷하다 해서 신숙주의 이름을 따서 숙주나물이라고
부르게 되었다는 이야기가 생겼단다.

한명회
1415~1487년
세조와 함께
권력을 누린 관리

42 십만양병 이율곡
이율곡

이율곡(이이)
1536~1584년
나라의 힘과 군사를 기르려 한 관리

이율곡은 조선의 뛰어난 학자이자 관리로, 오늘날 우리나라 오천 원 지폐에 그려져 있어. 또 신사임당의 셋째 아들이기도 해. 원래 이름은 이이란다.
선조 임금 때였어. 이율곡은 조선이 지금은 평화로워도 언제든 외적의 침입을 받고 전쟁이 일어날 수 있으니 미리 대비하자고 주장했어.

"10만 명 군사를 준비하고 훈련시켜 두어야 합니다!"

바로 '십만 양병설'이야. 하지만 안타깝게도 받아들여지지 않았단다.
방심했던 조선은 나중에 임진왜란으로 큰 피해를 입게 되었어.

43 주리 이퇴계 이퇴계

이퇴계는 조선에서 성리학을 깊이 연구한 학자야.
성리학은 중국에서 전해졌는데, 공자가 처음
퍼뜨린 유학을 발전시킨 새 학문이었어.
이퇴계는 이를 다시 우리에 맞게 해석해서 '주리'라고 불렀지.
"기본에 충실하면서도 이처럼 독창적이다니!"

요즘 유행 학문!

따르는 제자들이 많아 서원이라는 학교도 세워졌어. 이퇴계의 성리학은 조선의 정치에 중요한 영향을 끼쳤단다. 오늘날 우리나라 천 원 지폐 앞면에는 이퇴계가 그려져 있어. 그가 가르쳤던 성균관 건물도 함께 볼 수 있지.

이퇴계(이황)
1501~1570년
성리학을 연구한
조선의 학자

신사임당 오죽헌
44 신사임당

신사임당은 조선의 예술가이자 이율곡의 어머니야. 이율곡을 낳은 집은 마당에 검은 대나무가 있어서 '오죽헌'으로 불렀대. 신사임당은 어려서부터 시와 그림, 글씨에 뛰어났어. 특히 동물과 곤충, 식물을 아주 섬세하고 생생하게 그렸단다.
"콕콕, 콕콕."
닭이 그림 속 풀벌레를 쪼아 구멍을 낼 정도였어. 어느 부인이 치마를 빌려 입고 잔칫집에 왔다가 음식을 쏟자 신사임당이 그 얼룩을 따라 탐스러운 포도송이를 그려 준 적도 있었어. 얼룩진 치마를 아름다운 작품으로 바꾼 것이지.

> 신사임당
> 1504~1551년
> 조선의 화가이자 시인

일본은 1592년부터 7년 동안
조선을 두 번이나 쳐들어와 전쟁을
일으켰어. 바로 '임진왜란'이야.
곽재우와 조헌은 이때 의병장으로
나섰어. 군인은 아니지만 이웃과 마을을
보호하려고 스스로 싸운 사람들을 '의병'이라고 해.
"마을 사람들이 힘을 모아 일본군을 물리칩시다!"
곽재우는 일본군을 기죽이려고 붉은 옷을 입었대.
그래서 별명이 '홍의 장군'이었다지.
조헌은 충청도에서 제자를 키우던 학자였는데,
전라도로 쳐들어오는 일본군과 싸우다 죽음을 맞았어.

곽재우 1552~1617년
임진왜란 때 가장 먼저
의병을 일으킨 장군

조헌 1544~1592년
이율곡의 제자이자
의병장

47 김시민

김시민은 진주에서 관리로 지내고 있었어.
임진왜란이 터지자 일본군은 진주로도 쳐들어오고 말았어.
"큰일 났습니다, 장군! 진주성이 포위되었습니다."
이때 김시민이 지혜를 냈어. 군인이 아주 많은 것처럼 꾸민 거야.
"마을 백성들은 모두 성안으로 와서 군인 옷을 입어라!"
백성 모두가 김시민의 지휘 아래서 똘똘 뭉쳐 싸웠어.
3,800명 백성이 2만 명이 넘는 왜적을 크게 물리쳤지.
임진왜란의 3대 대첩 가운데 하나인 '진주 대첩'이야.
이처럼 크게 이기는 전투를 '대첩'이라고 부른단다.

김시민 1554~1592년
임진왜란 때 진주성을 지킨 장군

이순신 장군은 임진왜란 때 우리 바다를 지키고 나라를 구했어.
싸움마다 승리해서 일본이 그 이름만 들어도 벌벌 떨 정도였지.
특히 명량 대첩은 세계적인 전쟁으로 기록된단다.
우리 배 13척으로 일본 배 133척을 물리쳤으니 말이야.
하지만 마지막으로 싸운 노량 해전에서 이순신은 총에 맞았어.
"지금 싸움이 급하니 내가 죽었다는 말을 하지 말라."
죽는 순간까지 나라를 위했던 그 마음에 보답하듯
크게 승리했고, 7년의 긴 전쟁도 모두 끝이 났단다.

이순신 1545~1598년
임진왜란 때 바다에서 승리를 이끈 장군

48 나라 구한 이순신
이순신

"태조 이성계가 새 나라 조선을 열다!"
그 뒤로 이씨 자손들 27명이 500여 년 동안 조선의 임금을 이어 갔어. '태정태세문단세'는 조선의 첫 번째 왕부터 일곱 번째 왕까지 왕 이름의 앞 글자만 연결한 말이야.
조선을 세운 태조, 단 2년만 왕으로 지낸 정종, 왕의 힘을 키운 태종, 한글을 창제한 세종, 몸이 아팠던 문종, 왕의 자리를 빼앗긴 단종, 조카 대신 왕이 된 세조까지를 뜻한단다.

> 조선을 이끈 27명의 왕
> 1대 태조-2대 정종-3대 태종
> 4대 세종-5대 문종-6대 단종
> 7대 세조-8대 예종-9대 성종
> 10대 연산군-11대 중종-12대 인종
> 13대 명종-14대 선조-15대 광해군
> 16대 인조-17대 효종-18대 현종
> 19대 숙종-20대 경종-21대 영조
> 22대 정조-23대 순조-24대 헌종
> 25대 철종-26대 고종-27대 순종

조선 7대 왕 세조는 조카 단종의 자리를 빼앗아 임금이 되었어.
여기에 반대했던 신하들은 단종을 다시 왕으로 모시려 했지만
결국 세조에게 이 계획을 들키고 말았지.
"어찌 나 세조를 배반하고 따르지 않는가?"
"하늘 아래 임금이 둘이 될 수 없소. 우리는 단종의 신하요."
이처럼 끝내 단종에게 충성하며 죽은 여섯 신하를
'사육신'이라고 해. 비록 목숨은 건졌지만 시골로 쫓겨난
여섯 신하는 '생육신'이라고 한단다.

사육신
단종의 충신으로 죽은
이개, 하위지, 유성원,
성삼문, 유응부, 박팽년

생육신
단종의 충신으로 쫓겨난
이맹전, 조여, 원호,
김시습, 성담수,
남효온 또는 권절

일본군은 진주에서 김시민 장군에게 크게 지고는 도망갔어.
하지만 1년 뒤 진주성으로 또 쳐들어왔지.
일본군은 죄 없는 우리 백성들을 마구 괴롭히고 죽이기까지 했어.
이것을 안타깝게 여긴 조선의 여인 논개는 다짐했어.
'**나라와 백성을 위해 적의 목숨을 빼앗고 말겠다.**'
그렇게 논개는 일본군 잔치에 가서 대장 군인을 안고
바위에서 떨어졌지. 힘이 센 대장이 혹시라도
빠져나갈까 봐 열 손가락에 반지를 끼고 깍지까지 꼈대.
경상남도 진주 남강에는 논개가 몸을 던진 바위가 있어.
'의로운 바위'라는 뜻으로 '의암'이라고 부른단다.

68 몸 바쳐서 논개

논개 ? ~1593년
일본군 대장과 함께
죽은 조선의 여인

임진왜란 때 조선은 도읍 한양까지 빼앗기며 큰 위기에 빠졌어.
권율 장군은 한양을 되찾기 위해 행주산성에서 일본군과 싸웠단다.
"장군! 큰일 났습니다. 화살도 무기도 더는 없습니다."
그러자 마을 여자들이 용감하게 나섰어.
적에게 뜨거운 물을 붓고, 돌을 던지며 함께 싸운 거야.
이때 행주치마로 돌을 담아 날랐다는 이야기도 전해져 와.
백성들 하나하나의 간절한 마음과 힘을 모아 결국 일본을 물리쳤지.
불리한 전투를 승리로 이끈 '행주 대첩'이란다.

권율 1537~1599년
임진왜란 때
우리 군대를 책임진
장군

한국을 빛낸 100명의 위인들

조선의 정치와 경제, 문화와 기술이 점점 발전해요.
황금기를 맞은 조선에서 다양한 생각과 재능을
펼친 위인들을 만나요.
백성들을 위하고 나라 개혁을 외친 인물도 나온답니다.

 홍길동
 임꺽정
 삼학사
 박문수
 한석봉

 정조
 영조
 김정호
 김삿갓
 김홍도

 정약용
 전봉준
 김대건
 황진이
 홍경래

 이완용
 안중근
 김옥균

홍길동이라는 이름을 들어 봤니?
조선의 작가 허균이 쓴 이야기책《홍길동전》의 주인공이야.
동에 번쩍 서에 번쩍 하며 신기한 재주를 부렸지.
홍길동은 어머니의 신분이 노비라서 심한 차별을 받았대.
아버지와 형은 양반이었지만 아는 척도 할 수 없었다지.
"아버지를 아버지라 하지 못하고, 형을 형이라 하지 못하다니!"
홍길동은 차별 없이 모두가 잘살고 자유로운 세상을 만들기로 했어.
그렇게 욕심 많은 양반의 재산을 훔쳐 가난한 사람과 나누고
왜적을 물리치는 등 백성들의 영웅으로 활약했단다.

> **홍길동**
> 신기한 재주를 가진
> 《홍길동전》의 주인공

임꺽정은 조선의 의적이야.
'의적'은 '정의로운 도둑'이라는 뜻이지.
도둑이 정의롭다니 무슨 말일까?
임꺽정은 돼지나 소의 고기를 파는 백정으로,
신분이 가장 낮아 온갖 차별을 받았어.
더욱이 그가 살던 황해도의 사또는 욕심이 어찌나 많은지
백성들의 곡식을 빼앗고 아주 못살게 굴었대.
"임꺽정이 우리를 도와주려 나섰어!"
임꺽정은 사또의 재산을 훔쳐 가난한 사람들에게 나누어 주고
좌절한 백성들에게 희망을 북돋워 주었어.
어때, 그러니 정의로운 도둑이 맞지?

임꺽정 ? ~1562년
황해도와 경기도에서
백성을 도운 의적

임진왜란이 끝나고 조선에 평화가 찾아오나 했는데,
이번에는 청나라가 쳐들어왔지 뭐야. 이것을 '병자호란'이라고 해.
놀란 인조 임금과 신하들은 남한산성으로 몸을 피했어.
"전하, 오랑캐에게 항복하면 아니되옵니다."
"전하, 힘센 저들을 우리가 당할 수 없습니다. 항복하시옵소서."
청나라 앞에서 우리 신하들은 갈팡질팡했어.
이때 대쪽 같은 신념으로 끝내 항복하지 않은
홍익한, 윤집, 오달제를 '삼학사'라고 해.
결국 인조 임금은 항복하고 말았고,
삼학사는 청나라로 끌려가서 죽음을 맞았지.

삼학사
청나라에 항복하지 않은
세 명의 관리
홍익한, 윤집, 오달제

"암행어사 출두요!"
우렁찬 소리가 들리면 낡은 옷을 입은 사람이 갑자기 나타나 욕심 많은 사또를 혼내 주는 모습을 텔레비전이나 책에서 본 적이 있을 거야. 이처럼 왕의 명령을 받고는 몰래 지방으로 내려가 백성들의 삶을 살피던 벼슬을 '어사'라고 해.
"행동이 정직하며 성격이 올곧으니 어사로 딱이로다."
영조 임금은 박문수의 됨됨이를 칭찬하며 어사로 임명했어. 어사는 나쁜 관리를 혼내 주는 일뿐만 아니라 백성들의 억울한 죽음을 밝히고, 효자들의 이야기를 알리기도 했어.

박문수 1691~1756년
영조 임금이 아낀 조선의 어사

우리 역사 속에서 글씨를 가장 잘 쓰는 사람 하면
한석봉이 떠오를 거야. 스승에게 공부하러 간 한석봉이
3년 만에 집으로 돌아왔을 때였어. 하지만 어머니는
한석봉을 반기기는커녕 왜 벌써 왔냐며 차갑게 말했지.
"더 이상 배울 게 없어 돌아왔습니다."
"그리 자신 있다면 불을 꺼라. 나는
떡을 썰 테니 넌 붓글씨를 쓰거라."
불을 다시 켜자 붓글씨는
삐뚤삐뚤한데 어머니 떡은
가지런했어! 한석봉은
크게 깨닫고 다시 떠났고,
위대한 서예가가 되었대.

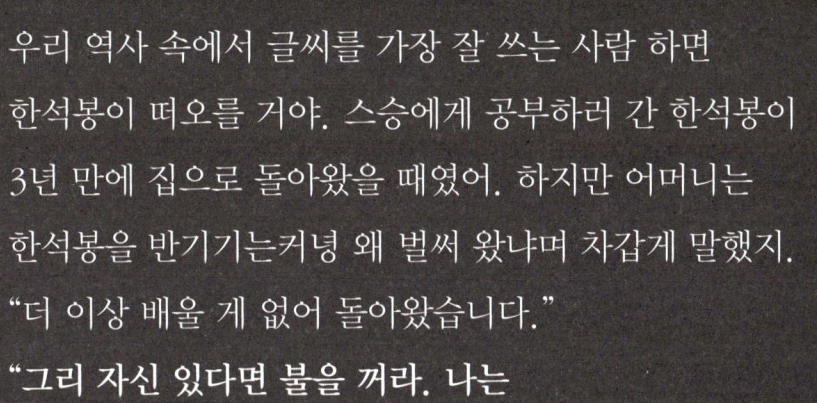

한석봉
1543~1605년
뛰어난 글씨로
손꼽히는 서예가

가지런~ 가지런~

김홍도는 조선의 화가야. '단원'은 김홍도의 호란다.
'호'는 원래 이름을 대신하는 이름이지.
김홍도는 궁궐에서 일어나는 일을 그리는 화가였는데,
영조와 정조 임금의 초상화를 맡을 정도로 실력을 인정받았어.
"그래도 나는 소박한 농촌과 자연 풍경을 그리는 게 더 좋아."
김홍도는 그렇게 씨름하는 모습, 서당 모습,
윷놀이하는 모습, 빨래터 풍경, 고기 잡는 풍경 등
꾸밈없는 보통 백성들의 생활을 많이 그려 냈어.
이런 그림을 '풍속도'라고 한단다.

♩ 단원 풍속도

김홍도

김홍도 1745~?년
소박한 백성들의 모습을
그린 풍속화가

김삿갓의 원래 이름은 김병연이야.
양반이었지만 집안이 어려워 가난하게 자랐지.
그래도 열심히 공부해서 마침내 과거 시험을 보게 되었어.
시험 문제는 김익순이라는 신하의 잘못을 적는 거였어.
김병연은 답을 잘 써서 좋은 성적으로 합격했는데,
알고 보니 그 신하가 김병연의 할아버지였지 뭐야.
"어찌 내 손으로 조상을 욕했단 말인가."
그 뒤로 벼슬을 내놓은 채 세상을 떠돌기 시작했대.
또 하늘 보기가 부끄러워 고개를 들 수 없다며
삿갓을 눌러쓰고 다녔지. 그렇게 '김삿갓'으로
불리며 수많은 시를 남겼단다.

김삿갓(김병연)
1807~1863년
세상을 떠돌며 산
조선의 시인

79 지도 김정호

김정호

'저 산줄기가 어디서 시작해서, 어디서 그치는지
그림으로 그려 두면 길 찾기가 편하지 않을까?'
먼 거리를 오가는 사람들과 장사하는 사람들을 위해
김정호는 지도를 만들고 싶었어.
그래서 예부터 전해 오던 여러 지도와 책, 정보를 모으고
수십 년 동안 연구를 거듭해서 '대동여지도'를 완성했어.
오늘날 봐도 매우 정확한 조선 최고의 지도야.
〈대동여지도〉는 22첩으로 나누어져 있단다. 필요한 위치가
있는 첩만 접어 편리하게 가지고 다닐 수도 있었지.

그렇게 영조 임금은 궁궐 문에 '신문고'라는 북을 세우고
사람들이 억울한 일이 있으면 북을 치고 말하게 해 주었어.
신문고는 원래 조선 3대 왕 태종이 만들었는데,
21대 왕 영조 때 더 많이 사용하게 되었단다.
백성들 목소리를 하나하나 새겨듣고 나라를
올바로 이끌려고 한 노력으로 볼 수 있겠지?

영조 1694~1776년
능력 있는 신하들을
골고루 뽑아 쓴 임금

81 정조 규장각

정조

정조 1752~1800년
정치와 문화에서 조선의
황금기를 이끈 임금

영조의 손자인 정조가 조선 22대 왕이 되었어.
정조는 아버지 사도 세자가 죽은 뒤, 힘겹게 왕이 되었단다.
그래서 정치를 올바른 방향으로 이끌고,
왕의 힘도 더욱 강하게 하고 싶었어.
"그러려면 나를 도울 똑똑한 신하들이 필요해."

정조는 왕실 도서관인 규장각을 세우고 학자들을 불러 열심히 연구하도록 했지. 규장각 학자들은 정조의 바람대로 훌륭한 책과 정책들을 만들며 조선의 정치와 문화를 꽃피우는 데 공을 세웠단다.

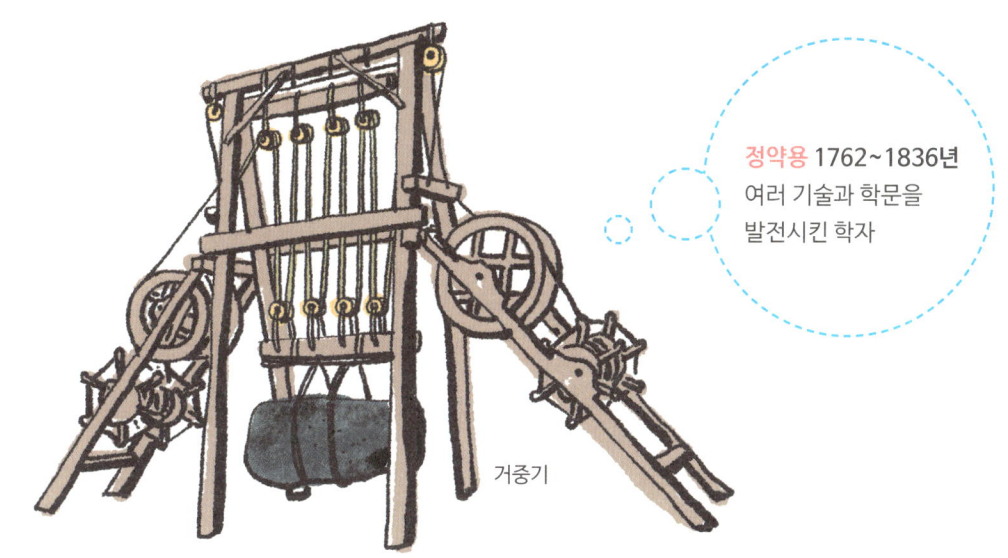

거중기

정약용 1762~1836년
여러 기술과 학문을
발전시킨 학자

조선의 관리 정약용은 정조 임금을 도와 수많은 일을 했어.
정조 임금이 계획한 수원 화성을 편리하게 짓기 위해
거중기와 유형거 등 당시의 최첨단 기계도 발명했지.
"성을 짓는 백성들의 수고와 시간을 아껴 줄 기계를 만들자."
거중기는 무거운 돌을 쉽게 들 수 있고,
유형거는 많은 물건을 빨리 실어 나를 수 있었어.
뿐만 아니라 정약용은 관리들이 백성들을 다스릴 때
필요한 자세를 담은 《목민심서》 등 책도 많이 써냈어.
그렇게 나라와 백성에 도움을 주었지.

목민심서

83 녹두 장군 전봉준

전봉준

조선 시대가 끝나 갈 때쯤, 백성에게 세금을 많이 걷거나
곡식을 빼앗아 가는 나쁜 관리들이 많아졌어.
그때 전봉준이라는 사람이 나섰어.
"백성들을 괴롭히는 관리를 우리 손으로 혼내 줍시다."
백성이 직접 나서서 모두가 평등하고 살기 좋은 세상을
만들자는 거였어. 이것은 '동학 농민 운동'으로 이어졌어.

전봉준 1855~1895년
동학 농민 운동을 이끈 장군

조선을 노리는 일본과도 당당히 맞섰지.
전봉준은 결국 일본에게 붙잡혀 죽고 말았어.
사람들은 몸집이 작아 '녹두'라는 별명을 가졌던
그를 '녹두 장군'으로 부르며 오래도록 기렸단다.

파랑새야~
녹두 밭에
앉지 마라~

김대건
1822~1846년
우리나라 최초의
천주교 신부

김대건은 우리나라 최초의 천주교 신부야.
서양 학문을 배우려고 유학을 떠난 최초의 학생이기도 해.
당시 조선에는 서양 종교인 '천주교'가 처음으로 전해졌어.
모두가 평등하다는 가르침에 백성들이 무척 기뻐했지.
그때만 해도 조선은 신분에 따라 사람을 나누고 차별했거든.
하지만 나라에서는 천주교가 질서를 어지럽히고
전통을 무너뜨린다며 금지했어.
"천주교를 믿지 않으면 너를 살려 주겠다."
하지만 김대건은 끝내 자신의 종교와 신념을 지키다 죽었단다.
이러한 죽음을 '순교'라고 해.

황진이

황진이는 시조와 한시를 아름답게 지은 조선의 예술가야.
많은 사람들이 사랑하고 존경하며 만나고 싶어 했지.
'청산리 벽계수야, 수이 감을 자랑 마라.'
이렇게 시작하는 한시를 들어 본 적 있을 거야.
뿐만 아니라 '서화가무'에 모두 뛰어난 실력자였대.
서화가무는 글, 그림, 노래, 춤 모두를 말한단다.
황진이가 지은 글은 오늘날까지도 널리 읽히고 있어.

86 못 살겠다 홍경래

정조 임금이 돌아가신 뒤, 어린 왕자들이 왕위를 이어받았어.
왕이 어려 힘이 약하니 자기 이익만 챙기는 관리들이
늘어났고, 백성들은 살기가 더 어려워졌지.
특히 평안도 백성들은 더욱 소외되고 차별당했어.
"억울해서 못 살겠다! 평안도 사람도 이 나라 백성이다."
홍경래는 살기 좋은 평등한 세상을 외치며 농민들과
힘을 모아 봉기를 일으켰어. 봉기는 자기 뜻을 알리려고
곳곳에서 일어나는 것을 뜻해. 이것이 바로 '홍경래의 난'이란다.

홍경래 1771~1812년
차별받는 백성들을 위해
일어난 혁명가

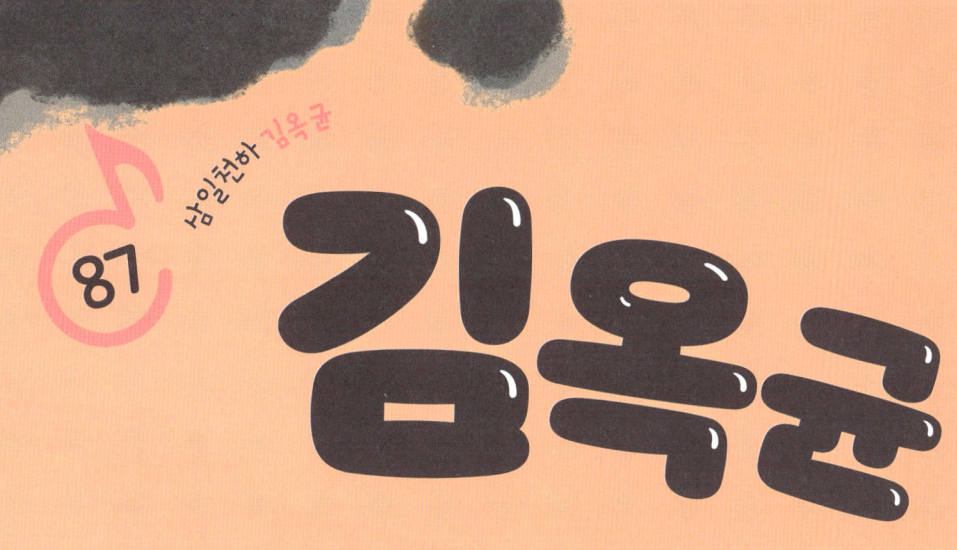

87 삼일천하 김옥균

조선 시대가 끝나 갈 즈음 세계도 크게 변하고 있었어.
여러 나라들이 조선을 찾아와 위협하기도 했지.
'조선도 외국처럼 서둘러 발전해야 돼.'
이런 생각을 '개화'라고 해. 김옥균은 개화를 이루기 위해
오늘날 우체국인 우정국을 폭파시키며 '갑신정변'을 일으켰어.
발전된 나라를 세우려는 최초의 정치 개혁 운동이었지.
하지만 사흘 만에 실패하고 말아. 조선을 넘보던 일본과 청나라가
방해했거든. 그래서 단 3일 동안만 온 세상을 가졌다는 뜻으로
'삼일천하'라고 한단다.

세계는 크게 바뀌고 있었지만, 우리는 대비하지 못했어.
1905년 일본은 우리나라 외교의 권리를 강제로 빼앗아 갔지.
이것을 '을사늑약'이라고 하는데, 그걸 도운 게 이완용이야.
이렇게 나라의 주권을 파는 것을 '매국'이라고 해.
반대로 안중근은 일본에게서 독립하기 위해 싸웠어.
우리나라를 침략하는 데 앞장선 일본 관리 이토 히로부미를
총으로 쏘아 전 세계에 굳은 독립 의지를 알렸지.
"대한 독립의 소리가 들리면 만세를 부를 것이다."
이처럼 나라를 사랑하는 것은 '애국'이라고 해.

이완용
1858~1926년
일본에 나라를
팔아넘긴 친일파

한국을 빛낸 100명의 위인들 5절

우리는 일본에 나라를 빼앗기는 민족의 비극을 겪었어요.
일제 강점기에 나라와 민족의 독립을 위해
평생을 바치고 평화를 꿈꾸었던
모든 사람들을 생각해 봐요.

윤동주　지석영　손병희　유관순　안창호

이상　김두한　심순애　이수일　방정환

이중섭

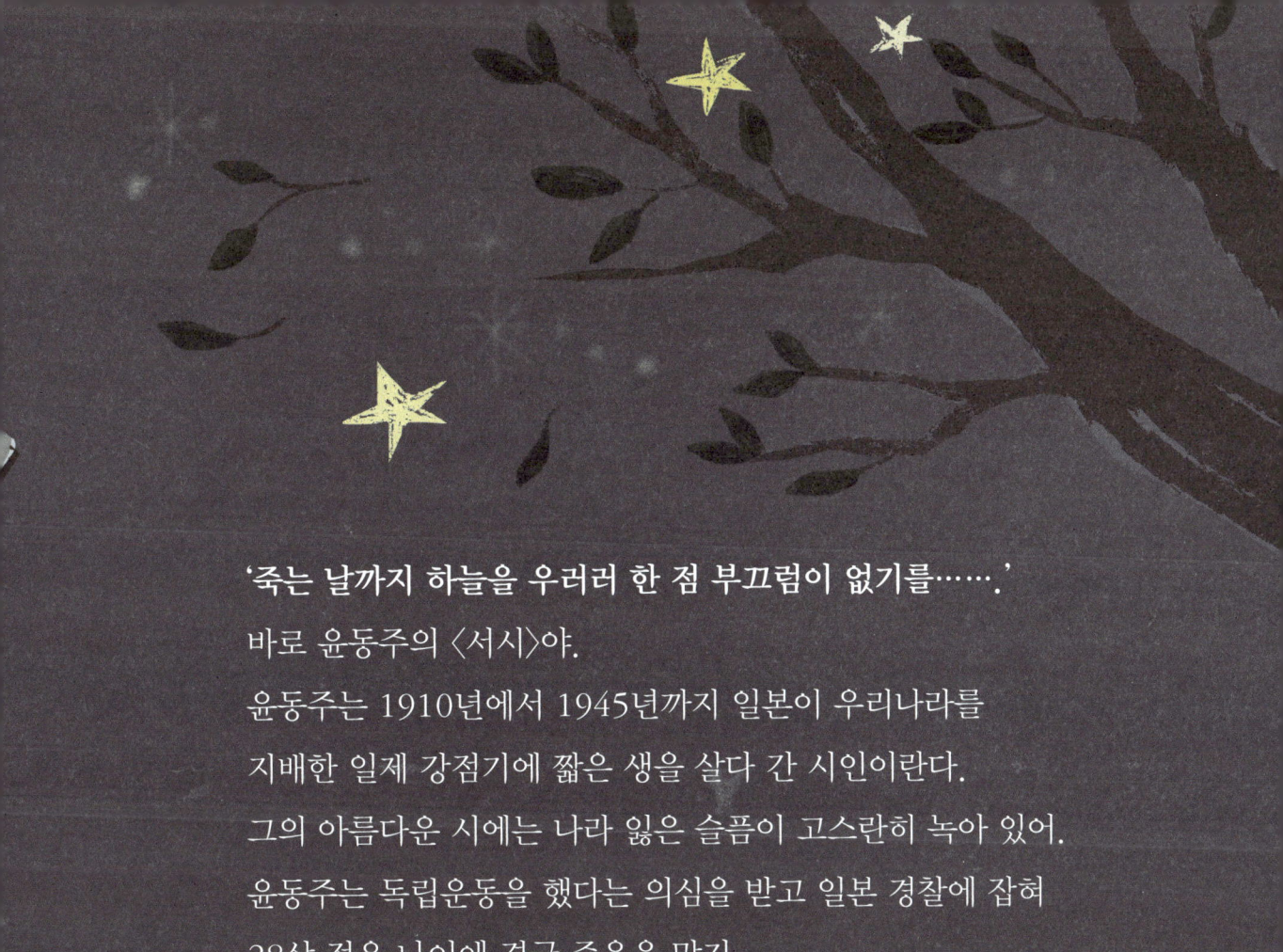

'죽는 날까지 하늘을 우러러 한 점 부끄럼이 없기를……'
바로 윤동주의 〈서시〉야.
윤동주는 1910년에서 1945년까지 일본이 우리나라를
지배한 일제 강점기에 짧은 생을 살다 간 시인이란다.
그의 아름다운 시에는 나라 잃은 슬픔이 고스란히 녹아 있어.
윤동주는 독립운동을 했다는 의심을 받고 일본 경찰에 잡혀
28살 젊은 나이에 결국 죽음을 맞지.
'별 하나에 추억과 별 하나에 사랑과 별 하나에 쓸쓸함과
별 하나에 동경과 별 하나에 시와 별 하나에 어머니 어머니……'
〈별 헤는 밤〉이라는 시도 지금까지 널리 사랑받고 있어.

윤동주
1917~1945년
일제 강점기의 시인

1879년 나라 곳곳에 천연두가 퍼졌어.
천연두는 열이 나고 온몸에 붉은 게 생기는 병이야.
다른 사람에게 옮기기도 쉬운데, 옛날에는
어린이들이 이 병으로 목숨을 많이 잃었대.
'**서양에는 천연두를 막는 약이 있다는데……**.'
지석영은 서양의 치료법인 '종두'를 연구했어.
소에서 뽑은 물질을 사람에게 주사로 놓아 병을
예방하는 방법이지. 온갖 노력 끝에 지석영은
이 주사약을 많이 만들어 낼 수 있었고,
수많은 어린이들의 생명을 살렸어.

일제 강점기, 나라를 빼앗긴 우리 민족은 일본에게
온갖 괴롭힘을 당하며 고통스럽게 살아야 했어.
"우리나라를 꼭 되찾아야 한다!"
우리는 나라를 되찾겠다는 독립 의지를 더욱 높여 갔어.
마침내 1919년 3월 1일 만세 운동이 크게 일어났어.
손병희는 〈독립 선언서〉를 준비하고 만세 운동을 계획하는 데
참여한 민족 대표 33명 가운데 한 사람이란다.
대표들이 만든 〈독립 선언서〉가 탑골 공원에
울려 퍼지면서 3·1 운동이 시작되었지.
"대한 독립 만세!"
3·1 운동은 전국으로 퍼졌고, 전 세계에까지 알려졌단다.

손병희
1861~1922년
3·1 운동을 이끈
민족 대표

유관순은 서울에서 이화학당을 다니던 17살 학생이었어.
3·1 운동이 일어나자 친구들과 함께 학교 담을 넘어
길거리로 뛰쳐나와 참여했지. 그리고 다짐했어.
"나도 잔 다르크처럼 나라를 구할 것이다."
잔 다르크는 16살에 전쟁에 나가 조국 프랑스를 구한 소녀란다.
일본의 감시가 심해지자 유관순은 고향 천안으로 내려갔어.
고향에서 태극기를 준비하고 사람들을 모아 아우내 장터에서
다시 만세 운동을 이끌었지.
"만세! 대한 독립 만세!"
유관순은 비록 어렸지만 지금까지 위대한 독립운동가로 존경받아.

94 도산 안창호 안창호

안창호는 우리 민족을 대표하는 독립운동가야.
도산 선생이라고도 부르는데, '도산'은 안창호의 호이지.
"민족의 힘을 기르려면 교육이 필요하다."
안창호는 일본에게서 독립하기 위해서는 사람들이
교육을 잘 받고 스스로 힘을 길러야 한다고 생각했어.
그래서 학교를 직접 세우고 제자들을 가르쳤지.
나라 곳곳을 돌며 사람들을 모아 연설을 하거나
수많은 독립운동 단체들을 이끌기도 했어.
민족의 능력을 키우는 데 평생을 헌신한 거야.

안창호
1878~1938년
여러 단체와 학교를 이끈
독립운동 지도자

'까치 까치 설날은 어저께고요, 우리 우리 설날은 오늘이래요.'
'나의 살던 고향은 꽃피는 산골.'
이 동요가 세상에 나오도록 도운 사람이 바로 방정환이야.
옛날에는 어른들이 아이가 어리다고 함부로 대하거나
무시할 때가 많았대. 그러나 방정환은 미래의 주인인
어린이를 소중하게 여겨야 한다고 생각했어.
"쓸쓸하게 자라는 아이들을 위한 일을 하자."
그래서 어린이의 노래인 동요, 이야기인 동화를 지었어.
또 '어린이'라는 말을 처음 쓰고, '어린이날'도 정했단다.

방정환
1899~1931년
어린이날을 만든
아동 문학가

이수일과 심순애는 《장한몽》에 나오는 남녀 주인공이야.
1913년에 나온 소설인데, 당시 큰 인기를 끌었어.
이수일과 심순애는 서로 사랑했지만
심순애는 부자인 김중배와 결혼하게 돼.
"김중배의 다이아 반지가 그렇게도 좋더란 말이냐?"
이 유명한 대사가 바로 여기서 나온단다.
결혼하고도 행복하지 않았던 심순애는 나중에야
자신의 진짜 마음을 깨닫게 되었대.

이수일과 **심순애**
소설 《장한몽》에 나오는 주인공

김두한은 김좌진 장군의 아들이야.
김좌진은 일본군과 싸워 크게 승리한 전쟁인
청산리 대첩을 이끈 유명한 장군이자 독립운동가이지.
그래서 김두환은 '장군의 아들'이라는 별명으로 불렸어.
"덤벼라! 종로를 지키는 김두한이다."
힘이 세고 싸움을 잘해서 우리나라 사람들을 괴롭히는
일본인을 곧잘 혼내 주었다는 이야기도 전해져 와.
이를 바탕으로 《장군의 아들》이라는 영화가 만들어지기도 했지.

이상

남자*쿠나* 이상

99

1934년 7월 어느 날, 한 신문사에 항의 전화가 빗발쳤어.
신문에 시가 실렸는데 정말 이상했거든.
"무슨 시가 이래? 띄어쓰기도 안 되어 있어!"
"정신 나간 사람이 쓴 거 같은데?"
바로 이상이 쓴 시 〈오감도〉를 두고 사람들이 한 말이야.
보통 사람들이 이해하기에는 너무 어렵고 생소했거든.
'날개야 다시 돋아라. 날자, 날자, 날자. 한 번만 더 날자꾸나.
한 번만 더 날아 보자꾸나.'
이것은 《날개》라는 소설에 나오는 구절이야.
이상은 시대를 앞서간 천재 시인이자 소설가로 인정받지.

이상
1910~1937년
실험적인 작품을 남긴
시인, 소설가

이중섭은 〈흰 소〉, 〈황소〉 그림으로
유명한 화가야. 어릴 때부터
그림 그리기를 좋아했던 이중섭은
일본으로 건너가 미술을 공부하고
나중에 고향으로 돌아왔어.
그 뒤 사랑하는 여인과 결혼해서
행복한 가정도 꾸렸지. 하지만
6·25 전쟁이 일어나 피난을 떠났고,
가족들과 영원히 헤어졌단다.
"가족을 보지 못하는 슬픔이 너무 크구나."
이중섭은 그림 그리기에만 몰두했어.
그렇게 남긴 개성 있는 작품들은
지금도 큰 감동을 주고 있지.

이중섭
1916~1956년
소와 어린이를
많이 그린 화가

읽자마자 왕 시리즈 3

읽자마자 역사 왕
한국을 빛낸 100명의 위인들

초판 발행 2020년 10월 20일
개정판 1쇄 발행 2025년 9월 24일
　　2쇄 발행 2025년 11월 17일

글쓴이 이희순
그린이 원혜진
발행인 이종원
발행처 (주)길벗스쿨
출판사 등록일 2025년 5월 28일
주소 서울시 마포구 월드컵로 10길 56(서교동)
대표전화 (02)332-0931 | **팩스** (02)323-0586
홈페이지 school.gilbut.co.kr | **이메일** gilbut@gilbut.co.kr

기획 및 책임편집 최문영 | **원고 검수** 김소정
제작 이준호, 손일순, 이진혁 | **마케팅** 양정길, 송예슬, 김령희 | **영업유통** 진창섭
영업관리 정경화 | **독자지원** 윤정아 | **디자인** 위드 | **CTP 출력 및 인쇄** 교보피앤비 | **제본** 경문제책

© 원혜진 2020

* KOMCA 승인필(한국음악저작권협회)
* 잘못 만든 책은 구입한 서점에서 바꿔 드립니다.
* 이 책은 저작권법에 따라 보호받는 저작물이므로 무단전재와 무단복제를 금합니다.
이 책의 전부 또는 일부를 이용하려면 반드시 사전에 저작권자와 (주)길벗스쿨의 서면 동의를 받아야 합니다.

ISBN 979-11-7467-035-9 (73910)
(길벗스쿨 도서번호 200491)

제품명 : 읽자마자 역사 왕 한국을 빛낸 100명의 위인들	주소 : 서울시 마포구 월드컵로 10길 56 (서교동)
제조사명 : (주)길벗스쿨	전화번호 : 02-332-0931
제조국명 : 대한민국	제조년월 : 판권에 별도 표기
사용연령 : 5세 이상	KC마크는 이 제품이 공통안전기준에 적합하였음을 의미합니다.

독자의 1초를 아껴주는 정성 길벗출판사

길벗 IT실용서, IT/일반 수험서, IT전문서, 경제실용서, 취미실용서, 건강실용서, 자녀교육서
더퀘스트 인문교양서, 비즈니스서
길벗이지톡 어학단행본, 어학수험서
길벗스쿨 국어학습서, 수학학습서, 유아학습서, 어학학습서, 어린이교양서, 교과서